STOP
STOP
STOP
AF279344

A los niños que disfrutaron de la FOP y me demostraron que los superpoderes existían, a las mamás y los papás que se sienten orgullosos de los superpoderes de los peques de la casa y a las maestras y los maestros que los fomentan cada día gracias a su esfuerzo y vocación.

Antes de nacer, todos los niños que nacen en mi familia tienen una reunión en la FOP (Fiesta de Obtención de Poderes). Bueno, a decir verdad, los de mi familia y los de las demás, lo que sucede es que los demás no lo recuerdan y yo sí porque en mi fiesta me pedí el superpoder de recordarla. Había sido una fiesta tan divertida, con juegos, flores, manualidades y globos de agua. Se lo conté a los demás en cuanto aprendí a hablar.

Mi hermano Pau, sin embargo, pidió un poder de lo más extraño: transformarse en cualquier cosa que le dijeran los demás que fuera, pero siempre que empezara con la letra P y durante un tiempo determinado, que variaba dependiendo de la transformación (lo decidía la presidenta de la FOP). Además, solo podía serlo una vez, no se podía repetir.

Al principio le encantaba su poder, mamá le decía: «Pau, eres un príncipe», y, ¡¡¡tarááá!!!, Pau se convertía en príncipe durante unas horas. Aprendió a utilizar la espada, montar a caballo y a vestir de lo más elegante.

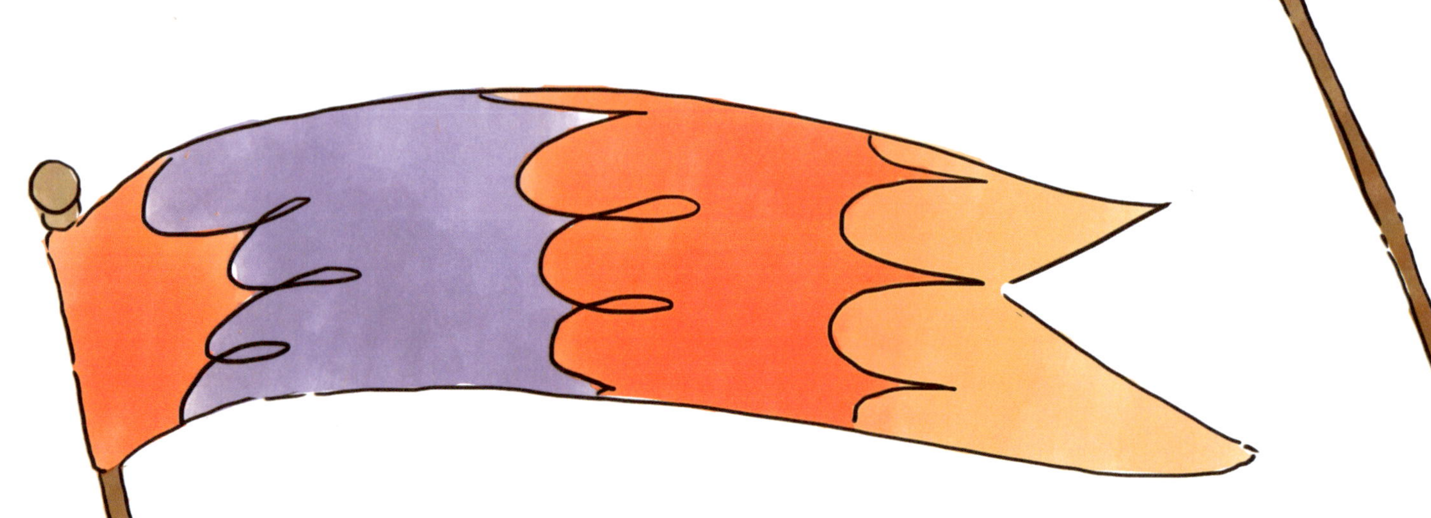

Papá le decía: «Eres un peluquero», y, ¡¡¡taráááá!!!, Pau nos dejaba bien cortado a todos el pelo durante un par de semanas.

POR FAVOR ESPERE

La abuela le decía:
«Pau, eres un pastelero», y,
¡¡¡tarááá!!!, durante un par
de meses merendábamos
de fábula: pasteles, gofres,
cruasanes, cafeteros y
palmeritas.

El abuelo le decía: «Pau, eres un pintor», y, ¡¡¡tarááá!!!, ese mes decoró todas las casas del barrio.

Tener ese poder era muy divertido, hasta que Pau entró en el colegio. Un día fue a jugar al baloncesto con sus amigos, falló un lanzamiento y uno de los niños le dijo: «Pau, ¡eres un pitufo!», y, ¡¡¡tarááá!!!, ya no alcanzó a meter una canasta en todo el partido y se sintió pequeño durante cuatro días.

Al quinto día, Pau se fue a una fiesta de cumpleaños y, al llegar, trope-
zó con un escalón y alguien le dijo: «Pau, eres un patoso», y, ¡¡¡taráááá!!!,
ya no fue capaz de comer nada; todo fue al suelo durante medio día.
¡Menudo hambre tenía!

Al poco tiempo, Pau estaba en clase de música y, al tocar su mejor solo de guitarra, un niño le dijo: «Pau, eres un pesado» y, ¡¡¡tarááá!!!, ya no pudo ni moverse del sitio en lo que quedó del día. La directora llamó a su abuela, que tuvo que ir a recogerlo y llevarlo a casa en una carretilla.

Estaba tan disgustado Pau que no quería ir a clase...
Entonces, mi mamá, que tiene el superpoder de
solucionar los problemas, encontró la solución.

A partir de ese momento sería él quien decidiría cómo ser. «Pau, eres un policía», y, ¡¡¡tarááá!!!, paraba las injusticias.

STOP

Otro día se decía: «Pau, eres paciente», y, ¡¡¡taráaá!!!, esos días aprendía mucho por no tener prisa.

Cuando empezó la liga de los patios, Pau se dijo: «Eres un pichichi», y, ¡¡¡taráááá!!!, todos los goles los metía él.

Y así siguió el asunto, hasta que una mañana ya no tenía más palabras, ¡las había gastado todas! Pero cuando llegó al colegio, seguía siendo pichichi, paciente, policía, persuasivo... Todo lo que él quería porque lo mejor de su poder es que, aunque solo lo disfrutase un tiempo, lo aprendido en ese tiempo... nunca nunca se le olvidó.

STOP

María Rodríguez Cañadillas

APULEYO EDICIONES   FOMENTO DE VALORES   CUENTOS ILUSTRADOS

EL PODER DE LAS PALABRAS